石井ゆかり

はじめに

みなさんは、占いを信じますか？

私は、「占いを信じますか？」

と聞かれたら、たぶん、

「信じません」

とこたえます。

占いの本を書いているのに、占いを信じないなんて、おかしいですね！

私の〝頭〟は、

「占いなんて、インチキかもしれない」

と考えています。

でも、私の〝心〟は、

「占いのなかに、なにかすてきなものが見つかるかもしれない」

と感じています。

信じていなくても、楽しむことはできます。

たとえば、仏教を信じていなくても、仏像を見て「美しい」と感じることはできます。

クリスチャンでなくとも、クリスマスツリーの美しさにうっとりすることはあります。

信じることと、感じることは、別々のことなのです。

占いは、いまのところは、科学的に証明されていません。

いわば「インチキ」です。

占いが「当たる」ことを科学で証明しようとした人はたくさんいるのです

が、まだ成功していません。

なのに、人間は大むかしから変わることなく、占いが大好きです。

おまじないも好まれます。

お正月の初詣で、おとながおみくじを引いて一喜一憂しているのを、みなさんも見たことがあるでしょう。

これだけ科学が進んだ現代社会でも、私たちの心は、占いやおまじないを手放しません。

目に見えないふしぎな世界から、ひそかに、生きる力を受けとっています。

みなさんのまわりにいるおとなたちは、

「占いなんか信じてはいけません」

と言うかもしれません。

もしかすると、

「占いの本なんか、読んではいけません！」

と注意されるかもしれません。

でも、「占いなんか！」と言いながら、こっそり占いを読んでいるおとなが、じつは、たくさんいるのです。


小学生のころ、私は星の図鑑を見るのが好きでした。

星雲の写真を見たり、星の一生を思い描いたりするのが好きでした。

星占いを知ったのは、おとなになってからです。

人間が月にゆき、火星をマーズパスファインダーが走りまわっていても、星占いの楽しさが、消えてしまうことはありません。


こんなにたくさんの本があり、教科書にはあんなにたくさんのことが書かれているのに、世界にはまだまだ、わからないことがあります。

星占いがインチキなのか、それとも、信じるに足るものなのか。
それさえも、ほんとうのところは、まだわかっていません。
科学者たちは、「占いはインチキだ」とハッキリ言います。
でも、占いはこの世から、ちっともなくなりません。
それはいったい、どうしてなのでしょうか。
これも、まだ科学で解き明かされていない「なぞ」のひとつです。

もくじ

参考文献

『増補版　21世紀　占星天文暦』魔女の家BOOKS　ニール・F・マイケルセン

山羊座の風景

「夢」とはなにか

ある子が、こんな話をしてくれました。

お正月にしんせきがたくさん集まって、にぎやかにお祝いをしていました。

ひとりのおじさんが、小学生のその子に向かって、こう聞きました。

「おとなになったら、なにになりたいの？　将来の夢は？」

その子はちょっと考えてから、おじさんに聞きかえしました。

「おじさんは、子どものころ、なにになりたかったの？」

おじさんは、うーん、と考えて、苦笑いしながら、

「サッカーの選手になりたかったかなあ」

とこたえました。

すると、そばで話を聞いていたおとなたちがみんな、「自分は歌手になりたかった」「自分はお医者さんになりたかった」などと、口々に子どものころの「夢」を話しだしました。

でも、そこにはだれひとり、「夢」をかなえたおとなはいませんでした！

あなたはこの話を読んで、どう思ったでしょうか。

もしかすると、おとなたちの話を「おかしいな」と思ったかもしれません。「なりたい」と思ったなら、なんで、ならなかったのでしょうか。

もちろん、なにかに「なりたい」と思って、いっしょうけんめいがんばって

も、なれないことだってあります。

でも、ひとりくらい夢をかなえた人がいてもよさそうなものです。

山羊座の人の「夢」は、ほかの人の「夢」とは、少しちがいます。

ほかの人の「夢」は、かなうかかなわないか、よくわからない「夢」です。

山羊座の人の「夢」は、かならずかなえなければならない「夢」なのです。

きっとかなえよう！　と決心できるような夢でなければならないのです。

ふわふわと思い描いて、空想にふけってまんぞくしてしまうような「夢」は、山羊座の人の「夢」ではないのです。

よく考えると、夜寝るときに見る「夢」と、「将来の夢」のような「夢」が、おなじ「夢」なのは、おかしなことですね。

夜寝るときに見る「夢」は、朝起きれば消えてしまいます。

しばらくたつと、思い出せなくなります。

そんなふわふわした頼りないものを「将来の夢」なんていうのは、おかしなつかいかただと思いませんか？


ほかの人にとっては、遠い未来のことなんて、ふわふわした夢のように、消えてしまってもかまわないのだろうと思います。

でも、あなたにとっては、そうではありません。

あなたは、夢を見て、それをかなえることができる人なのです。

夢を描いたら、それを現実に変えるために、しっかり考えて、自分から行動できる人なのです。

ほかの人が「いつかこの夢がかなえばいいな」と言うとき、山羊座のあなたは「この夢を自分の手でかなえてみせよう！」と胸にちかって、もう、動きだしています。

それこそが、山羊座の人の「夢」なのです。

山羊座は暗い？

じつは、12星座のなかで、

「私は、自分の星座がいやなんです」

と言う人の多い星座がふたつあります。

それは、蠍座と、山羊座です。

なぜ「自分が山羊座なのが、いやだ」「ほかの星座になりたかった」と言われてしまうのでしょう。

山羊座のことを書いたほかの本や記事を読むと、

「地味で、慎重で、コツコツがんばる努力家で……」

などと書いてあります。

なんだか暗そうです。

たしかにこれでは、あまり好きになれないかもしれません。

ですがほんとうに、山羊座は努力が大好きな慎重派で、暗く静かな人々なのでしょうか。

私は、そんなことは誤解だと思います。

「夢」を現実にするには、どうすればいいか

夢を現実にするには、どうしたらいいでしょうか。

夢を描いて、それをかなえるために、行動すればいいはずです。

絵描きになりたかったら、まず、絵の練習をするでしょう。

美しいものを見たり、フランス語を勉強してパリに行ったりする人もいるか

もしれません。

スポーツ選手になりたかったら、スポーツの訓練をします。より上手になれるように、自分に合ったやりかたができるように、あれこれ工夫するでしょう。

あなたは、「これになりたい！」とか「これをやってみたい！」と思ったらすぐ、「それには、どうすればいいか」を考える人だと思います。そして、すぐに行動を起こすのです。

山羊座の人が「努力家」と言われるのは、このためです。

でも、山羊座の人はけっして「努力が好き」なのではありません。

もし、とてもかんたんに画家やアイドルになれる薬があったら、努力なんか放りだして、その薬をのむでしょう。

山羊座の人にとってだいじなのは、「夢をかなえること」なのです。

「夢」というほど大きなものでなくても、たとえば「明日のテストでは、ぜったいあの子に負けたくない」と思ったら、それを成功させることがだいじなのです。

好きで苦労したいわけではありません。

結果も出ないのに苦労だけしている人がいたら、「ムダだなあ」と思うはずです。

もし、あなたがコツコツ努力することがあったとすれば、それは、かなえたい夢がとても大きいからだと思います。

その夢をかなえるためには、コツコツがんばるしか方法がないからなのだろうと思います。

山羊座の人がかなえる夢は、しばしば、とても華やかです。

みんなが「すごい！」とあこがれ、尊敬するようなことを成しとげます。

ちっとも「暗く」なんかありません。

「みんなのために」できること

山羊座は「王さま」の星座です。

「王さま」の星座はほかに、獅子座があります。

獅子座の「王さま」と、山羊座の「王さま」は、ちょっとちがいます。

獅子座の「王さま」は、堂々として、みんなの中心でかがやいているような「王さま」です。

でも、山羊座の「王さま」は、まるでみんなのおとうさんのように、人々を守り、人々が生きる場をつくろうとする、とても働きものの王さまなのです。

山羊座の人は、とてもすばらしいリーダーシップを発揮します。

みんなの先頭に立って、みんなをまとめながら動くことができるのです。

リーダーになっていないときも、みんなをまとめるために大活躍します。

自分の頭で考え、しっかり行動し、ものごとをどんどん先に進めます。


そんなあなたは、みんなに好かれます。

なぜなら、人は心のどこかで、

「だれかに引っ張っていってほしい」

「だれか頼りになる人のあとについていきたい」

「どうすればいいか、だれかに決めてほしい」

とねがっているからです。

もちろん、自分で好きなようにしたい、自由に生きたい、という気持ちだってあります。

でも、じつは、なんでもかんでも自分で決めるのは、大変なのです。

たとえば、クラスの話し合いでなにかを決めなければならないときを思い出してください。

クラスメートのなかには「どうでもいい」「だれか決めれば？」など、なげやりな子がいないでしょうか。

先生に「手をあげて意見を言ってください」と言われても、みんなほかの子の顔を見たりして、だれも手をあげないこともあるでしょう。

「だれかに決めてほしい」という気持ちは、そんなふうに、多くの人の心のなかにあります。

あなたはそうしたみんなの気持ちをくみとって、

「こうしようよ！」

と言うことができる人なのです。

ゆえに山羊座は「王さまの星座」なのです。

「美」と「文化」を楽しむ力

山羊座の人々は、生まれながらの芸術家です。

もちろん、山羊座の人が全員、画家や音楽家になるわけではありません。

でも、絵画を愛し、音楽を愛する心を、山羊座の人なら、だれもが持っているのです。

色を選ぶセンスがよく、美しいものを愛します。

特に、古くからあるもの、クラシックな芸術に心惹かれるかもしれません。

山羊座のテーマに「時間」があります。

長い歴史のなかでずっとたいせつにされてきたもの、時間のながれのなかで失われずに生き残ったものを、山羊座の人はたいせつにするのです。

あなたは「ほんもの」を見分ける目を持っています。

古い絵画を見たり、楽器を演奏したりするには、勉強や訓練が必要です。知識がないと楽しめない「芸術」はたくさんあります。

あなたは、芸術を楽しむための勉強や訓練を、どーんと引き受ける人です。

ほかの人が「めんどくさいや」「むずかしくてよくわからない」などと言うときにも、山羊座のあなたは「これは、よく勉強するとおもしろいぞ！」と直観して、ちゃんと味わえるようになるまでがんばるのです。

ここでも、あなたはときどき「努力家」になりますが、かんたんにわかる方法があればすぐ、それをやってみるでしょう。

努力がしたいのではなく、その芸術がくれる楽しみや喜びを求めて、がんばってみるのです。

山羊座の人は、しばしば、とても華やかなファッションを好みます。

また、ものごしや立ち居ふるまいが、日本舞踊のように美しい人も多いようです。

「世の中」へのまなざし

山羊座の人は「世の中」を見渡すまなざしを持っています。

子どものころからニュースや新聞に関心を持っていた人も、多いかもしれません。

世の中のしくみ、社会のしくみを知り、そこで自分がどう生きていけるかを、山羊座の人は、若いうちから真剣に考えています。

世の中を動かしている力は、たくさんあります。

大統領や総理大臣など「えらい人」には、大きな力があります。

街角の交番にいる警察官も、強い力を持っています。

「お金」も、大変大きな力です。

お医者さんが人を治す「力」、裁判官が人の善悪を決める「力」、美しい人がほかの人を惹きつける「力」、スポーツ選手がすばらしいプレーをする「力」……。


ありとあらゆる、たくさんの「力」が、世の中をさまざまに動かしているのです。


「力」には、生まれつきそなわっているものもあれば、訓練や勉強によって、あとから身につけることができるものもあります。

山羊座の人は、ごく幼いうちから、そのことに気がつきます。


では、自分がおとなになったら、どんな「力」を持って、世の中に入っていけるでしょうか。

山羊座(やぎざ)の人(ひと)はそれを意識(いしき)して、人生(じんせい)の第一歩(だいいっぽ)を歩(ある)きはじめます。

だからこそ、あなたの「夢(ゆめ)」は「夢(ゆめ)」のままにおわらず、「現実(げんじつ)」に変(か)わるのです。

場所

作業場、仕事場。
鉱山（金属や宝石、建物を建てるのにつかう石などを掘る山）。
草むら。
たがやされていない、自然のままの土地。
暗がり。
古く大きな屋敷。
文化財とされるような家。
大地の力がむき出しに感じられる場所は、山羊座の人の心に響きます。

高層ビルのような不安定な場所より、地面にどっしりと腰を落ち着けたような石造りの家などに心惹かれるでしょう。

色

黒。
こげ茶色。
茶色がかった色。
うすいあかね色。
深い緑色。

「大地」を感じさせる色、深く落ち着いた色が、山羊座の色です。
黒は、ただ「暗い」ということではなく、人の心を守る力を持っているそうです。

とはいえ、山羊座の人は一般に、華やかなファッションを好みます。あかるくてクッキリした、目立つ色を選ぶことも多いようです。

そのほか山羊座の世界に属するもの

お城。
役所、おおやけの場所。
絹、ビロウド、骨董品。
宝物。
大きな美しい宝石。
王さまの手にする錫杖。
額に入った絵画。
サテンのリボン。
革靴。

スーツ。
イヴニングドレスや紋付など、格式をしめす衣装。
古典芸能。
考古学。
茶道や華道、武道など。
ピアノやチェロなどの大きな楽器。
寺院。
美術館、記念館。
農場。
庭づくり。

こんなものたちが、山羊座の国の住人です。
そして山羊座のあなたも、この国にともに暮らしています。

山羊座の価値観

あなたにとって、いちばん「たいせつなこと」は、なんでしょうか。

たとえば「お金もうけがいちばんたいせつ！」と言う人もいます。

「友だちと仲良くすることがいちばんたいせつ！」と言う人もいます。

「イケメンや美人しか、好きになれない！」という人は、人の見た目をたいせつにしています。

人が「なにをたいせつにするか」が、「価値観」です。

お金がだいじな人は、お金という価値観で生きています。イケメンが好きな人は、人の見た目に価値を置いています。

価値観は、人によって、驚くほどちがっています。

「運がいい」だけでは、成しとげられないこと

山羊座の人は「結果を出す」ことをだいじにします。ですから、「結果を出す」には、かならず努力が必要なことを知っています。「努力」というと、ただ何回もおなじことをくりかえせばいい、と考える人もいますが、それはまちがいです。

どうすれば結果につながるのか、をいつも考えながら「努力」しなければ、結果は出せません。

たとえば、テストでよい点をとろうと思ったら、そのテストにはどんな問題が出そうなのかをしらべて、勉強することが必要です。「教科書をぜんぶ暗記すればいい」と考える人もいるかもしれませんが、山羊座の人なら「そこまでするのは、時間のムダ」と考えるでしょう。

「結果に結びつく努力」と「やってもムダな努力」のちがいを、山羊座の人は、よくわかっているのです。

ですからあなたは、世の中で有名になった人、芸術やスポーツですばらしい成功をおさめた人、事業を起こして大成功した人などを見ると、「その裏にはきっと、工夫や努力があったのだ」と考えることができます。

世の中には、成功している人を見て「あれは、運がよかっただけだよ」とか「お金持ちの家に生まれたら、私だってあのくらいはできたよ」「生まれつきの才能のおかげだよ」などと言う人がたくさんいます。

でも、山羊座の人はけっして、そういうことは言いません。

たしかに、お金持ちの家に生まれたり、運がよかったり、生まれつき才能があったりする人はいます。

でも「それだけ」では、けっして、大きな目標を達成したりはできません。

山羊座の人は、それをよく知っているからこそ、人を正しく尊敬することができます。

へんにうらやましがったり、決めつけたりせずに、人を「みとめる」ことができるのです。

「世の中でみとめられる」こと

たとえば、あなたが絵を描いたとしましょう。

自分で「すごくきれいに描けた、傑作かも！」という絵にしあがりましたし、友だちに見せたら、とてもほめてくれました。

でも、この絵を出した展覧会で金賞をとったのは、別の子の作品でした。

こんなとき、あなたならどう思うでしょうか。

ほかの子なら「自分で気に入った絵が描けたんだから、いいや」と思うかもしれません。

「友だちやおとうさん、おかあさんがほめてくれたんだから、まんぞくだ」と思う子もいるでしょう。

でも、あなたはたぶん「どうしたら金賞がとれるかな」と考えるのではないかと思います。

「自分が気に入ったなら、それでいいや」とは、思えないのです。

ひとりよがりでは、いやなのです。


山羊座の人は「世の中のまなざし」をいつも、考えています。

「世の中」で、ちゃんとした力を持ちたい、と思っているのです。

「世の中」は、自分以外のたくさんの人の集まりです。

その集まりのなかで、みとめられたい、と考えるのです。

ゆえに、山羊座の人がめざす職業は、世の中でみとめられているものになりやすいようです。

すなわち、お医者さんや弁護士さんなど「先生」と呼ばれるような専門的な仕事や、世の中を大きく動かす官僚や政治家といった仕事に心惹かれます。「世の中」とかかわりたい、という思いは、山羊座の人の生きかたの柱のひとつです。

「ほんもの」を手にすること

山羊座の人は「ほんもの」をほしがります。

優れた職人さんがていねいにつくった革のかばんを、何十年もたいせつに、ずっとつかい続ける、というようなことが好きなのです。

山羊座の人がほしいのは「高級品」ではなく、あくまで「ほんもの」「一級品」です。

「ほんもの」には、それなりの理由があります。

ほんものは、短い時間でかんたんにできたりはしません。

歴史のなかで磨きあげられ、鍛えあげられたものを、山羊座の人々は愛します。


また、山羊座には、とてもファッショナブルな人が多いようです。

「ほんもの」を身につけたい、「ほんもの」でありたい、という思いが心の中心にあって、自分自身を絵画や音楽のように考えているのです。

美しい服を着ることも、絵を描くこととおなじ、芸術の才能をあらわす手立てなのです。

山羊座の美女は、芸術的な美女です。

そのアーティスティックな才能で、自分を芸術品にすることができる人々なのです。

行動パターン

理屈に合った行動

山羊座の人は「合理的」です。

「合理的」とは、「理屈に合っている」という意味です。

たとえば、「あそびに行こうよ！」と誘われたとき、「どこに行くの？」と聞きます。

なぜなら、野原や川辺であそぶなら、よごれてもいい服を着よう、だれかのおうちであそぶなら、よそのおうちに行くのにふさわしいちゃんとしたかっこうをしなくちゃ、と考えるからです。

５人であそんでいるのに、４人用のゲームをしたら、ひとりが仲間はずれになってしまう、とすぐに考えつきます。

ならば、５人でもあそべるあそびに変えるか、または、なにかルールをつくってメンバーを入れ替えながらあそばなくちゃ、と考えます。

そのルールは、みんなが納得できるようなルールでなければなりません。

山羊座の人はこんなふうに、あそぶときでも、勉強するときでも、「こうすれば、こうなるだろうな、だったら、こうすればいいかも！」というふうに、きちんと考えるのです。

この「考え」は、だれでも説明されたら納得できるような、自然な考えです。

山羊座の人が「合理的」だというのは、そういうことなのです。

ズルや近道は、しない

結果を出すことをだいじにする山羊座の人ですが、ズルをしたり、へんな近道をしたりしようとはしません。

たとえば、テストのとき、となりの席にとても勉強のよくできる子がすわっていて、答案がちらっと見えたらどうでしょうか。

あなたが解けない問題のこたえが見えそうだったとしても、あなたはきっと、それを見ないでしょう。

もし見てしまったとしても、けっしてそのこたえを写したりしないでしょう。

または、つい、それを書き写してしまったとしたら、その晩、なかなか眠れないかもしれません。

「点がとれる」とわかっていても、そういう方法では、ダメなのです。「結果を出す」ことと、「正しいことをする」ことは、山羊座の人にとって、おなじくらいだいじなことなのです。

チームに入ること

山羊座の人は、チームのほうがうまくやっていける人と、ひとりでやるほうがうまくいく人との、ふたつのタイプにハッキリ分かれます。

チームのほうがうまくやれる人は、リーダーになります。

といっても、かなりやさしい、みんなを受けとめるようなリーダーになることが多いようです。きびしくバンバン命令したり、人を注意したりするようなリーダーではありません。

リーダーになれなかったときは、「ひとりでやる」ことを選びます。人から命令されることが大嫌いだからです。自分で自分にあれこれ命令して、無敵の成果を出せます。

やむをえず、人からの命令にしたがう立場になってしまったときは、「仮面」をかぶります。どんな命令でもよく聞くすなおな人、という仮面をかぶって、ほんとうの気持ちを押しかくしてしまうのです。

これはこれで、うまくやれますが、ほかに「気持ちのはけ口」として、友だちづきあいや趣味の活動にうちこむことになります。

「いやなことは、しない」

山羊座の人は、ほかの人と「うまくやる」ことが上手です。

でも、やりたくないことを「がまんしてやる」のは、大嫌いです。

たとえば、体の調子が悪ければ、無理して出ていったりしません。

「空気を読んで、人にめいわくをかけないようにする」ようなことは、山羊座の人は、しないのです。

「いやなことは、しない」と言えないような場に置かれると、大きく体調をくずしたり、落ち込んだ気持ちからはいあがれなくなったりします。

いろいろな特徴

ユーモラスな人

山羊座の人は、あかるく、強く、たくましく、ときに華やかで、そして、とてもユーモラスなキャラクターの持ち主です。

人を笑わせることが、とても上手です。

天然ボケで愛される人もいます。

山羊座の人のまわりには、常に人の笑顔があります。

大まじめにとてもおかしなことをして、「伝説」となることもあるようです。

感情の爆発

ふだんは合理的な人なのですが、心のなかで怒りや悲しみが大きくふくらむと、まわりの人が思いもつかない行動に出ます。

たとえば、激しく怒って相手の持ちものをとつぜんぶちこわしたり、学校からぷいと立ち去ってしまったりするのです。

でも、気持ちが落ち着くと、またもとの自分にもどります。

そして、すなおに反省したり、あやまったりすることができるのです。

年をとるほど若がえる（？）

子どものころは、「もっと年上かと思った！」と言われることが多いでしょう。おとなびて見られるのです。
でも、年をとっていくと、逆に、「もっと若いと思った！」と言われます。

「お宝」を持っている

「とっておきの宝物」を、引き出しの奥や押し入れのなかに持っています。

「コレクション」のように、たくさん集めるのではなく、ひとつかふたつ、とても高価なものを持っている人が多いようです。

「育ちのよさ」からくる堂々としたふんいき

ていねいできちんとした、少し古風なことばづかいをします。
流行にながされず、おじいさんおばあさんからおしえてもらったことを、よく覚えて、だいじにします。

エレガントなふんいき、なめらかなマナーなどを、山羊座の人はいつのまにか自然に身につけます。

いわゆる「育ちのよさ」を感じさせる人の多い星座です。

嫌いなもの

ナカミのない人

無責任な人。
口ばっかりで、行動しない人。
ズルをする人。
怠ける人。
自分勝手な人。
決まりを守らない人。

山羊座の人は、こんな人たちが大嫌いです。みんな、ナカミがない人だ、と思えるからです。

また、勇気のない、怖がりな人も、嫌いです。

これは、自分自身の臆病さを見せつけられるような気がするからです。

勇敢な人を見ると、魅力を感じます。

不便な環境

とてもワイルドなアウトドアのあそびは、あまり好きではないかもしれません。

清潔なトイレとか、ちゃんとお湯の出るお風呂がないような旅行は、あまり行きたいと思えません。

どちらかといえば都会人・文明人的な感覚を持っているので、田舎や自然のまっただなかのような環境は、苦手なのです。

「お世話になる」こと

だれかに手伝ってもらったり、ものをもらったりしたときは、かならずあとで「おかえし」をしたくなります。

「もらいっぱなし」はいやなのです。

どちらかといえば「自分のほうが多くあたえていたい」と思うかもしれません。

とはいえ、山羊座の人はしっかりお金もうけができるので、自分がこまるほど人に「あたえて」しまうことはありません。

むだづかいは嫌いです。

電気のスイッチやガスの元栓、水道の蛇口などをキッチリしめてまわるような、きちょうめんな人です。

そういう点でルーズな人とは、ケンカになりやすいかもしれません。

先生や先輩に失礼な態度をとる人が、嫌いです。

礼儀をたいせつにしない人には、相手が他人でも、ハッキリ注意します。

のびのびできる場所、窮屈な場所

だれもいない、静かすぎる場所よりも、人がたくさんいる場所のほうが、落ち着けるかもしれません。

人の気配やざわめきが感じられる場所のほうが、かえって読書や勉強に集中できる、という人もいます。

いっぽう、山や草原など、大地を感じられる環境も大好きです。

田舎でのリフレッシュはたいせつです。

家のなかのこぢんまりした場所も、心を解放できる空間です。

ときどき、ネコがせまい場所にもぐりこむみたいに、小さな部屋にもぐりこみたくなります。

ピカピカしたあたらしい建物や家は、あまり落ち着かないかもしれません。「人の生活」が積み重なったような場所のほうが、心にしっくりくるのではないかと思います。

恋をしたとき

誠実で長続きする恋

山羊座の人の恋はとてもあたたかく、まじめです。恋には慎重で、恥ずかしがり屋なところがありますが、ほんとうに恋に落ちたなら、迷わず前向きに行動を起こします。かけひきなどはいっさいせず、「きちんとつきあおう」と考えます。折り目正しい、清楚な人が多い山羊座ですが、いざ、恋愛の場に立つと、とても力強い愛情表現ができます。

まじめな性格なので、「告白」「おつきあい」というふうに、型にはめて考えやすいようです。

恋をするとすぐに「結婚できるかどうか」を考える人もいます。

また、「きちんとしたい」という気持ちが強すぎて、つきあいはじめから「あなたと結婚するつもりはないから」と前置きしたりする人もいます。

相手が誤解してはいけない、と考えるわけです。


恋愛をしても「自分」を曲げません。

合わないところがあっても、むりやり自分を変えたりはしないのです。

ですから、ケンカにもなりやすいようです。

ただ、ケンカになっても、「ケンカしたからすぐ別れる！」とはなりません。

ほんとうに相手を愛しているときは、山羊座の人は粘り強く、つきあいを続けていこうとします。

自分を守るための、ゆがんだ恋

山羊座の人はときどき、恋人の顔や、体つきや、学歴や、職業や、財産などに「恋して」しまうことがあります。

友だちが自分よりすてきな恋人を持っている、ということが気になりはじめると、愛情がゆがみはじめます。

恋人の学歴や職業をじまんする人は、相手の「心」には、手が届いていません。

恋人を人の恋人とくらべる人の恋は、ほんものの恋とはいえません。

山羊座の人がこうした「ゆがんだ恋」におちいるのは、よくない心を持っているからではなく、ひとえに「世の中の怖さを感じている」からです。

山羊座の人は、「この世の中で、負けずに、傷つけられずに生きていくには、どうしたらいいだろう?」といつも考えています。ゆえに、恋人の持っている社会的な力で「自分を守ろう」としてしまうのです。

ですが、ほんとうにそんなもので、自分を守ることができるでしょうか。恋人の社会的な力で自分を守ろうとするような恋では、すぐに、相手は離れていってしまうだろうと思います。

落ち込んだとき

怒りっぽくなり、けろっとする

山羊座の人は落ち込むと、たいてい、怒りっぽくなります。人にやつあたりして、それでさっぱりする人もいます。

やつあたりしない場合は、引きこもってしまうようです。部屋から出てこなかったり、だれとも口をきかなかったり、と、貝が閉じたようになります。

とはいえ、あまりその状態が長続きすることはありません。

お菓子を食べまくったり、フテ寝したりすると、いつのまにか、ごきげんがよくなっています。

いわゆる「けろっとする」タイプです。

岩のような「怒り」

山羊座の人の怒りや失望は、とても「激しい」ものです。

激しい怒りが続いているあいだは、その怒りはもう二度とおさまらないのではないか、と思えるほどです。

内がわには炎が荒々しく燃えさかっているのに、人からは冷たく大きな、硬い岩のように見えます。

深い悲しみのなかにいるとき、ごく身近な人にたいしては、すなおに涙も流しますし、グチも言います。

山羊座の人は、身近に感情をふれさせる相手と、そうでない相手を、明確に分けています。

少し仲良くなったくらいでは、あなたの「ほんとうの感情」にふれることはできません。

自己否定の深さ

責任感が強いので、失敗すると、「自分はダメだ！」と思い込みます。

いわゆる「自己否定」です。

「自分でなんとかしなければ」と思いすぎて、極端な行動に出てしまうこともあります。

自分ひとりでなんとかしようとせず、信頼できる人に頼ることがだいじです。

才能のかがやき

「十八番」を持っている

山羊座の人は、なにかしら「十八番」を持っています。

「十八番」とは、たとえば、「私がこの曲を歌えば、カラオケはかならずもりあがる」というような1曲です。

このモノマネをすればかならずウケる、というようなネタです。

人を楽しませるためにも、山羊座の人は、努力を惜しまないのです。

どうにかして「ぜったいはずさないネタ」を持とうとします。

人から見えないところでひそかに練習を積み、だれにも有無を言わせない見事な「一芸」を見せるのが、山羊座の人の得意技です。

ゆえに、パーティーなどで「待ってました！」と言われるような「主役」扱いを受けることも少なくありません。

山羊座の人はたいてい、まわりの人から「才能ある人」と思われています。


山羊座の人は、芸術的なセンスに恵まれています。

また、耳や鼻が敏感で、その才能をいかした仕事につく人もいます。

身体能力が優れた人も多いようです。

そしてなにより、山羊座の人は、自分の才能を「ほったらかし」にしません。

「自分にはこういう才能があるかも」と気づくと、それをがんばって伸ばそうとします。

ゆえに、最終的に、「夢をかなえる」ことができるわけです。

一段ずつ、とばさずに階段をあがる

世の中には、一段一段階段をあがることを「めんどうくさい」と感じる人もいます。

一気に、かんたんにてっぺんまで行けるエレベーターをさがしまわって、そのままどこにもたどりつかずに一生をおえるような人もいます。

山羊座の人は、そうした落とし穴には落ちません。

一段一段階段をのぼり、いつか、すばらしく高いところまでたどりつきます。

「受け継ぐもの」

小さなころから「おまえはこの家を継ぐ、あととりなんだよ」と言われて育った人もいるかもしれません。

家の名前や財産、お墓、地域での「家」の役割など、大きく重い歴史を、引き受けることになる場合があるのです。

山羊座の人は、自分が大地につながった存在であることをわすれません。

過去と現在がつながっていることを、わすれません。

未来を見つめるときにも、過去が存在することを見失わないのです。

ゆえに、山羊座の人の生み出すものは、とても大きく、強くなります。

失敗するときの傾向

「正義」の押しつけ

山羊座の人は「これが正しい！」と思うと、人にもそれをすすめます。
また、早く結果を出そうとして、みんなで足並みをそろえて進みたいと考えます。
そうすると、いつのまにか、自分の考えを人に押しつけてしまうことになるのです。
「押しつけ」をいやがる人や、反抗してくる人が出てくると、あなたはひそかに「怖い」と感じ、自分を守るために怒ったり、相手をきびしく非難したりします。

こうなると、チームワークはボロボロになってしまいます。

「結果」にこだわりすぎる

また、「結果」にこだわりすぎて失敗する、というパターンもあります。結果を達成することだけにふりまわされて、まわりの人の気持ちが見えなくなるのです。

親や先生などの期待にこたえることだけが気になって、自分の感情がどこかへ消しとんでしまったりもします。

みとめられたい、バカにされたくない、ナメられたくない、という強い気持ちが、そのまま、自分をしばりあげる鎖になってしまうのです。

自分へのきびしさが、「なにもしない」ことにつながる場合もあります。

自分のやっていることを人とくらべて「くだらないことだ」と思うと、なにもしたくなくなります。

高すぎる目標をかかげておいて「あんな目標はどうせ無理だから、なにもしないほうがいい」と、怠けてしまうこともあります。

臆病さからの攻撃

人間は「怖い」と思うと、腕をふりまわしたり、大声でわめいたりしてしまいます。

たとえば、虫が怖い人ほど、虫に殺虫剤をたくさんふりかけます。

もう死んでいるのに、まだ「動きだすんじゃないか?」と思って、吹きつけ続けてしまいます。

怖がりな人は、そんなふうに、「やりすぎ」なほど、相手を攻撃しすぎてしまうのです。

やっつけすぎてしまうのです。

友だちとのケンカでも、ほかのことでも、あなたが大あばれしてしまうことがあるなら、それは「怖いから」だろうと思います。

「怖い」と思う気持ちは、やっかいです。

でも、「怖さ」とたたかわなければいけないこともあります。

心のなかから「怖さ」を消そうと思っても、消えません。

勇敢な人は、怖さを感じないのではなく、「怖い」と思ったまま、考え、行動できる人です。

自分の「怖がり」とたたかって、怖さをのりこえてその向こうに行ける人です。

山羊座の人は、とてもかしこくて、世の中がよく見えています。

ですから、世の中がどれだけ大きくて、自分がどれだけちっぽけかということが、よくわかっています。

だから、世界中がとても「怖い」のです。

でも、その「怖さ」とたたかい、行動をはじめたとき、あなたの人生は大きく広がります。

いつかあなたは、「怖い」という気持ちが、あなたの敵ではなく味方だということに気づくでしょう。

ほんとうに強い人は、だれよりも臆病なのだということに、いつか、気づくでしょう。

チャームポイント、体質

12星座はそれぞれが、体の部位を担当しています。

山羊座の部位は、膝、そして全身の骨です。

膝からは少し下なのですが、山羊座の人は、靴にこだわることが多いようです。

いい靴をはくとファッションぜんたいのバランスがよくなる、と考え、靴からコーディネートを組み立てます。

どちらかといえば骨は丈夫なほうですが、腰痛や関節痛などには注意が必要です。

生活習慣が病気につながる傾向も強いので、日々のよくない「積み重ね」にはじゅうぶん注意が必要です。

山羊座の偉人

マーチン・ルーサー・キング・ジュニアは、アフリカ系アメリカ人を人種差別から解放するためにたたかった活動家です。

一般に「キング牧師」と呼ばれるとおり、彼はキリスト教の牧師でした。

16世紀から18世紀にかけての「奴隷貿易」により、たくさんの人々がアフリカからアメリカに連れて来られ、奴隷として働かされていました。

奴隷とは、お金で売り買いされ、お金をもらわずに働かされる人々のことです。

人間なのに「もの」のように扱われる奴隷は、古代から近代にいたるまで、歴史のなかにしばしば登場します。

奴隷にされた人々は、暴力や権力によって自由をうばわれ、望みのない、つらく苦しい生活を強いられました。

やがて、そんな「奴隷制度」はまちがっていると感じる人々もあらわれました。

彼らは「奴隷解放運動」をおこない、激しい戦争を経て、1862年、有名なリンカーン大統領により「奴隷解放宣言」が出されたのです。

これで、法律のうえでは「奴隷」は禁止されました。

ですが、奴隷ではなくなったものの、アフリカ系アメリカ人の人々は、根の深い差別を受け続けたのです。

トイレやレストランも「白人用」「黒人用」というふうに、肌の色によって分けられました。

たくさんの給料がもらえる仕事に、アフリカ系の人々がつくことはほとんどできませんでした。

学校も、職場も、バスや電車などの乗りもののなかでも、アフリカ系の人々は常に、白人を優先しなければなりませんでした。

たとえば、満員のバスに、あとから白人が乗ってくると、先に乗ってすわっていた黒人は「白人のために、立って、席を空けなさい」と言われてしまうのです。

みなさんも、お年寄りなどに席をゆずることはあるかもしれませんが、それは、思いやりからのことですね。けっして、法律で命令されてやっているわけではないはずです。

あるとき、これにさからったアフリカ系の女性がいました。

ローザ・パークスは、満席のバスで、白人のために席を空けるように言われたのに、それを無視してすわり続けたのです。

やがて警官がやってきて、彼女は逮捕されました。

裁判になると、ローザはなんと、負けてしまいました。

しかし、差別からの解放運動をしている団体が、彼女を守ろうとして動きだしました。

その先頭に立ったのが、26歳のキング牧師でした。

彼は、暴力のない「たたかい」をめざしました。

たくさんの人に向かって演説をし、おなじアフリカ系の人々に「バスに乗らないこと」を求めたのです。

もしみんながバスに乗らなければ、バス会社はこまってしまいます。

キング牧師の呼びかけにこたえて、人々はなんと1年以上もバスを「ボイコット（つかわないこと）」しました。

こうした運動の結果、ついに、ローザがバスのなかで「立たされる」のは、憲法違反だという判決がくだったのです。

それ以降、アメリカでは、バスや電車のなかで、黒人と白人が差別されることはなくなりました。


アメリカにおける人種差別はとても根の深いものです。

キング牧師が生きた時代は、リンカーン大統領の奴隷解放宣言から100年もあとなのに、アフリカ系の人々はなお、貧しい暮らしやひどい境遇を強いられていたのです。

また、いまでも人種差別は「完全になくなった」とは、いえません。

だれもが「差別はいけないことだ」と知りながら、なぜかそこにあって、どうしても消えない「差別」。

これとたたかい、なくしていくことがどんなにむずかしいことか、キング牧師はよく知っていました。

キリスト教のおしえは、神のもとでは人はみな平等である、と説きます。

この考えは、差別に苦しむアフリカ系の人々にとって、大きな救いでした。

キング牧師の生きた時代、キリスト教をおしえるほかの牧師たちは、

「生きているこの世界ではつらい差別があるけれど、死んで神の国に行ったら、平等と自由がおとずれる」

という考えを語りました。

ですが、キング牧師は「それはちがう」と考えました。

差別のない、平等な国は、死んだあとではなく、

「自分たちが生きているこの世界につくられなければならない」

と考えたのです。

これは、とても「山羊座らしい」考えだと思います。

彼は、自分自身も差別を受け、多くの人が差別を受けている様子をまいに

ち、目のまえに見ていながら、

「これを変えよう」

「行動によって、変えられるはずだ」

と考えたのです。

「自由と平等」が単なる夢のような理想ではなく、「現実にできるのだ」と考えたのです。


夢を夢のままにせず、現実に変えようとする意志と行動力は、まさに山羊座の星にふさわしい生きかたです。

キング牧師はその生涯で多くの演説をおこない、たくさんの人々の心を動かしました。

そして、彼らに行動をうながしました。

なかでも、もっとも有名なのが、

「私には夢がある」

というフレーズで親しまれている演説です。


私には夢がある。いつの日かジョージアの赤土の丘の上で、かつての奴隷の子孫とかつての奴隷主の子孫が、兄弟愛のテーブルに仲良く座ることができるようになるという夢が。

私には夢がある。今、不正義と抑圧の炎熱に焼かれているミシシッピー州でさえ、自由と正義のオアシスに生まれ変わるだろうという夢が。

私には夢がある。今は小さな私の四人の子供たちが、いつの日か肌の色ではなく内なる人格で評価される国に住めるようになるという夢が。私には夢がある。

（聴衆の声、拍手略）

（『私には夢がある　M・L・キング説教・講演集』新教出版社／

C・カーソン、K・シェパード編／梶原寿監訳）

彼はこの「夢」を実現することがどんなにむずかしいか、だれよりもよく知っていました。

でも、彼はこれが「夢」におわらず、いつか実現できると信じていました。

キング牧師が生きた時代にくらべれば、いまの私たちは彼の「夢」をかぎりなく現実に近づけつつあります。

とはいえ、まだ完全には、かなえられたとはいえません。

キング牧師の「夢」を現実に変えていくのは、現代を生きる私たちの、たいせつな仕事です。

山羊座のテーマのひとつに「時間」があります。

長い時間をかけてなにかを完成させること、時間を超えて夢を現実にすることもまた、山羊座の人々の使命なのです。

おなじ山羊座の星のもとに生まれたあなたもまた、キング牧師のようにとても大きな夢を描き、たとえ長い時間がかかったとしても、きっと、それを現実に変えることができるはずです。

山羊座の星

12星座はそれぞれ、守り神のような星を割り当てられています。

山羊座の星は、土星です。

土星は、時間、場所と場所の境目、責任、義務、権威などを象徴する星です。

山羊座の神話

ギリシャ神話でもっともえらい神さまは、ゼウスとされています。ですが、ゼウスがその地位につくまでには、いろいろな敵とたたかわなければなりませんでした。

なかでも大ピンチだったのが、怪物テュポンとの対決です。たたかいのさなか、ゼウスは手足の「腱(骨と筋肉をつなぐ部分。アキレス腱もそのひとつ)」を、テュポンにうばいとられてしまったのです。ゼウスはこれで、歩くことも、手を動かすこともできなくなってしまいました。

このとき、ゼウスの「腱」を取り戻したのが、ゼウスの息子アイギパンです。

彼は、テュポンのもとにこっそりしのびこみ、すばやく「腱」をうばいとると、すぐさま逃げ出したのです。

逃げ出すとき、アイギパンは「上半身がヤギ、下半身が魚」というおかしな姿に変身しました。

ゼウスは、アイギパンをこの姿のまま天に上げて、星座にしました。

これだけでは、この神話の「山羊座らしさ」は、よくわかりません。

でも、山羊座の向かいがわの星座・蟹座の神話とくらべてみると、それがよく見えてきます。

蟹座の神話は、こんなお話です。

英雄ヘラクレスが、あるとき、化け物のヒュドラを退治しに行きました。

ヒュドラには、おなじく化け物の大蟹という親友がいました。

友を助けるため、大蟹は、英雄ヘラクレスに立ち向かいました。

でも、蟹はヘラクレスにひとふみでふみつぶされて、すぐに死んでしまいました。

あわれに思った神さまが大蟹を天に上げて、かに座ができました。


蟹座も、山羊座も、「たいせつなものを守る」ことをめざす星座です。

だいじな友だちを守るために、蟹はヘラクレスに向かっていきましたが、ヒュドラを助けることはできませんでした。

いっぽう、山羊座のアイギパンは、おかしな姿に変身しましたが、ちゃんと「腱」を取り戻して、ゼウスを助けることができました。

自分自身が怪物テュポンをたおしたわけではありませんが、父親であるゼウスを勝利に導く手助けができたのです。

山羊座は「結果」をたいせつにする星座です。だいじなものを守りたい、という気持ちがあっても、気持ちだけでは、ほんとうに守ることはできません。

勇気だけでは、あわれな大蟹のように、ふみつぶされてしまいます。

山羊座の人々は、アイギパンのように、ちゃんとものごとを成しとげます。

そのためには、成功するための方法をきちんと考えます。

上半身はヤギ、下半身は魚という姿になったのも、それがいちばん逃げやすいかたちだったのでしょう。

あなたもまた、アイギパンのように、たいせつなものを守るためにたたかう人です。

そして、自分のたたかいをかならず、「実りあるもの」とする人です。

3種類の「山羊座」

ひとつの星座は、さらに3つの時期に分けられます。
それぞれに、少しずつ性質のちがいがあります。
あなたはどの「期」に属しているでしょうか。

山羊座　第1期（12・23～12・31生まれ）

誇り高い人です。
強い意志と野心をいだき、理想に向かって妥協せずに行動します。
自分や身近な人々の「弱み」をふしぎな力でキャッチし、

それを全力で守ろうとします。
いろいろな人と自由に交流し、
しっかり鍛えた実力で注目を集めます。
こうした「ひらかれた」生きかたは、
じつは自分を守るために練られた戦略なのかもしれません。
忍耐力があり、じっくり考えて実行にうつしますが、
思ったような成果があがらないと、
わりとかんたんにあきらめてしまいます。

「臆病さ」は、あなたにとって、諸刃の剣です。
怖い、という気持ちをいだいたとき、
誇りを持って徹底的に自分とたたかうか、
怖いと思えるものが「全滅」するまでたたかうか、

すべてをなげだして全力で逃げ出すか、の分岐点に、
人生のうえでなんどか、立つことになるかもしれません。

山羊座　第2期（1・1〜1・9生まれ）

美を愛し、力を愛する人です。
とても負けず嫌いな人でもあります。
だからこそ、「完璧」をめざして、
たゆまぬ努力を重ねることになります。
美しさや楽しさ、おもしろさ、優れたものが、
努力なくして生まれることはないということを
よく知っている人なのです。
強い魅力の持ち主で、人を惹きつけます。

筋道立てて考えることができますが、
人間のやわらかな感覚や感情を見逃さず、たいせつにするため、
ふところの深い人として信頼されます。

好き嫌いがハッキリしており、愛情も激しいため、
恋愛関係などがこじれると、
自分でもコントロールできないほどの感情に
ふりまわされてしまうこともあります。

山羊座　第3期　（1・10～1・20生まれ）

とてもかしこく、いろいろな才能に恵まれています。
自分の人生を堅実に組み立てようとするいっぽうで、

いくつかの趣味をプロ並みに極める人が少なくありません。
伝統をたいせつにしますし、
受け継がれてきた技術を高く評価し、
失われそうな文化を守る活動にとりくむ人もいます。
とてもやさしい心を持っていますが、
ことばがきつくなることもあります。
あるいは、とても礼儀正しいために、
心のやわらかさやあたたかさが、
なかなか、人に伝わらないところがあるようです。

人から信頼され、好かれますが、
心のなかにまでふみこませないようにするので、
ひとりで孤独をかかえこんでしまう人もいます。

「自分はダメだ」と思いはじめると、
暗い気持ちから抜け出せなくなったりします。
だれかに必要とされることをなにより必要としていますが、
ときには人の力を借りることもだいじです。
あなたが人に頼れるようになったとき、
人にたいする影響力はむしろ、
あたたかく強化されていきます。

山羊座の分類

12星座は、その特徴によって、いくつかのグループに分けられます。
山羊座はどんな特徴を持つ星座なのでしょうか。

冬の星座

まず、12星座は「季節」に分けられます（※）。
春の星座は、牡羊座・牡牛座・双子座です。
1年がはじまり、すべてのものがのびのびと育っていく季節です。

あたらしいものを発見し、自分自身を発見していくのが春の星座です。

夏の星座は、蟹座・獅子座・乙女座です。

さんさんと差し込む太陽の光のもと、すべての生きものたちが生きることを楽しみます。

自分のまわりに愛にあふれる世界をつくるのが、夏の星座です。

秋の星座は、天秤座・蠍座・射手座です。

夏のあいだに育った作物や果実を、みんなで協力して収穫し、分配する季節です。

見知らぬ人たちとも熱心に話し合い、かかわっていくのが秋の星座です。

冬の星座は、山羊座・水瓶座・魚座です。

作物のとれないきびしい冬は、みんなで助け合って生きなければならない季節です。

おたがいに助け合うためにつくる「世の中」を守るのが、冬の星座です。


山羊座は「冬の星座」です。


冬の星座に属する山羊座・水瓶座・魚座のなかで、山羊座は「冬のはじまり」を担当しています。

葉や草が枯れ、緑が消えて黒っぽい木の肌や土がむき出しになった色のない世界に、ふと、雪が降り落ちてくると、私たちははっとします。

冬には冬の美しさがあることを思い出して、ロウソクに灯をともし、暖炉をあたためて、家のなかを人間の力であかるい世界につくり変えます。

冬は人間や生きものにとって、食べものの少ない、つらい季節です。

でも、私たちはそんなきびしい世界に、知恵と働きで対抗し、自分やたいせつな人を守る力を持っています。

山羊座は、「冬とたたかって、自分たちの生活を美しくゆたかなものにするぞ」という思いを担う星座なのです。

※星占いは北半球で生まれたので、星占いの「四季」は、日本の四季とおなじです。

地の星座

12星座は「火・地・風・水」の4種類に分けられます。

火の星座は「直観・勢い・生命力・情熱・正義」の星座です。

牡羊座・獅子座・射手座が、火の星座です。
火の星座の人は、元気いっぱいで、怖いもの知らずです。
勇敢で、せっかちで、笑うときも泣くときも、とても華やかに気持ちをあらわします。

地の星座は「感覚・物質・価値・現実」の星座です。
牡牛座・乙女座・山羊座が、地の星座です。
地の星座の人は、いつも落ち着いていて、「自分のペース」を持っています。
ものの価値や美しさに敏感な、芸術家肌の人々です。

風の星座は「思考・関係・意味・物語」の星座です。
双子座・天秤座・水瓶座が、風の星座です。
風の星座は、ものごとを筋道立てて考えるのが得意です。

話し上手だったり、勉強が好きだったりと、なんでも知っているかしこい人の多い星座です。

水の星座は「感情・心・融合」の星座です。

蟹座・蠍座・魚座が、水の星座です。

うれしさ、怒り、悲しみ、楽しさなどの「気持ち」をなによりたいせつにするのが、水の星座です。

自分の気持ち以上に、人の気持ちをだいじにできる人々です。

山羊座は「地の星座」です。

手でさわれるもの、だれから見ても価値のあるもの、世の中をおさめる現実的な力をたいせつにする星座です。

風や水、火とくらべて、大地はどっしりとしています。山羊座の人は、ゆらゆら揺れ動いたり、ころころ変わったりするようなものより、いつも変わらぬもののほうに心惹かれるのです。

夜の星座

12星座には「昼の星座・夜の星座」という分けかたもあります。

昼の星座は、論理、比較してわかること、客観的な考え、取引の世界です。論理にもとづき、ものごとを「切り分ける」力を象徴します。なんでもかんでも手を出そうとしないで、ひとつの分野の専門家をめざします。

牡羊座・双子座・獅子座・天秤座・射手座・水瓶座が、昼の星座です。

つまり、火の星座と風の星座のぜんぶが、昼の星座となります。

夜の星座は、心、気持ち、人のつながり、愛情やあいまいさの世界です。人の気持ちをくみとり、人と人とを気持ちで結びつけます。チームの運営が得意で、立場のちがう人同士を引き合わせることができます。

勉強もできれば料理も得意、というふうに、なんでも上手にこなします。牡牛座・蟹座・乙女座・蠍座・山羊座・魚座が、夜の星座です。地の星座と水の星座が、夜の星座です。

山羊座は「夜の星座」です。

冬の寒さのなかで、人間は自分が弱い生きものだということを知ります。

そして、その弱さをどう守りいかすかを考えます。

山羊座の人はとても強い人たちですが、それは、人間の弱さややわらかさを知っているからこそ、強いのです。

山羊座の人はいつも、だれもがかくしている暗い部分を見つめ、それを守るために自分を強く鍛えようと考えているのです。

12星座のキーワード

あなたの星座以外の星座は、どんな世界なのでしょうか。

くわしくはほかの星座の本をお読みいただければと思いますが、ここでかんたんに、12の星座をキーワードでご紹介しましょう。

牡羊座のキーワード：「勝利」「生命力」「はじまり」

牡牛座のキーワード：「感覚」「リズム」「心地よさ」
双子座のキーワード：「ことば」「旅」「物語」
蟹座のキーワード：「心」「守り」「居場所」
獅子座のキーワード：「表現」「強さ」「かがやき」
乙女座のキーワード：「分析」「思いやり」「敏感」
天秤座のキーワード：「調和」「バランス」「美」
蠍座のキーワード：「洞察」「真実」「再生」
射手座のキーワード：「冒険」「哲学」「楽観」
山羊座のキーワード：「実現」「優美」「権威」
水瓶座のキーワード：「自由」「平等」「博愛」
魚座のキーワード：「救い」「目に見えないもの」「清浄」

たいせつな人

あなたは、
「役に立っていなければ、自分には価値がない」
と思いがちです。
いい成績をとったり、おとなにほめられたりするのでなければ、
自分はダメな人間だ、
と思ってしまうことも、あるかもしれません。
ですが、それは、まちがっています。

あなたは、ほんとうには、すなおで、怖がりで、さみしがり屋です。

でも、それを人に見せることはほとんどありません。

なぜなら、そうした部分は、

「なんの役にも立たない」

と感じているからです。

この世界は、怖いところです。
ぼんやりしていると、えらい人や悪い人が、
つぎつぎに、いろいろなものをうばいとっていきます。
競争に負けたら、なにも手のなかに残りません。
そんな怖い世界で生きていくには、
怖がりなところやさみしがり屋なところは、
たしかに、ちょっとジャマかもしれません。
そのため、あなたはときどき、「悪い人」のふりをすることもあります。

ほかの悪い人たちとたたかって、負けないようにするためです。
自分やたいせつなものを、守るためです。

あなたをほんとうにたいせつに思う人は、
あなたのそんなところを愛しく思っています。
その人は、あなたが心のなかで必死にかくしている、
あなたの怖がりなところ、さみしがり屋なところに、
ちゃんと気づいているのです。
あなたをいちばん必要としている人は、
あなたの強い力に守ってもらいたいのではなく、
あなたの弱さと語り合いたいのです。

人間はみんな、とても弱い生きものです。

あなたはなぜか、生まれながらにそのことをよく知っています。
そして、その弱さを守るために、
生まれるのとほとんど同時に、
人生のすべてをかけてたたかいはじめるのです。
だからあなたはとても強くなりますが、
ときどき、たたかっているもともとの理由を、わすれてしまいます。
あなたがたたかっているのは、
自分も他人も、とても弱い生きものだからです。
たたかわなければ守れないほど、
もろく、繊細だからです。

あなたをほんとうにたいせつに思う人は、
あなたの内なる臆病さを見抜き、

それを愛してあたためてくれる人です。
その臆病さは卵のようなもので、
だれかの体温によってあたためられ、いつか孵ります。
卵が孵ったとき、
あなたはあなたのたたかいの意味を思い出し、
それまでとはまったく別のたたかいをはじめることになります。
つまり、自分の王国を守るためだけのたたかいから、
自分の王国とほかの王国をすべて守っていくためのたたかいへと、
ふみだすのです。

たぶん、だれかに信頼され、たいせつにされ、あたためられたとき、
だれよりもそこから力を得るのが、あなただろうと思います。
「この世界は、とても怖い場所なのだ」

「人間は弱い存在なのだ」
ということをよく知っているあなたにとって、
他人の心を信頼するのは、とてもむずかしいことです。
でも、あなたをたいせつにする人は、
そんなあなたの、身を切り裂くように冷たく痛むうたがいさえ、
信じ、包んであたためようとする人なのだと思います。

おわりに

もし、太陽の光を消してしまったら、どうなる？

いまが昼間なら、ちょっと空を見上げてみてください。

なにが見えますか？

雲や飛行機、空の青い色、そして、晴れていれば太陽もあるはずです。が、ぜったいに太陽をまっすぐ見てはいけませんよ！　目が傷ついて、失明してしまうこともあるのですから。

空ぜんたいが厚い雲に覆われて、しとしと雨が降り続けるような日にも、太陽の光は雲を突き抜けて、世界を照らしています。

どんなに雲が低く、濃くても、夜のように暗くなることはありません。

太陽の光は、そんなにも強いのです。


もし、その太陽の光を、「パチッ！」と電気を消すように消してしまったら、どうなるでしょうか？


よく晴れた日、かがやく太陽をパチッ！　と消してしまったら、そこには、きらめく星空があらわれます。

星が夜にしか見えないのは、太陽のせいなのです。昼間、星の光は太陽にかき消されて、見えなくなっているのです。

つまり、昼間でも星はちゃんと空にあるのです。

「私は山羊座」って、どういうこと?

この本は「山羊座」の世界について書かれた本です。

この本を手にとったあなたはおそらく、「山羊座の人」だろうと思います。

あなたのお誕生日が12月22日ころから翌年の1月21日ころのあいだにあって(132ページ参照)、その時期に生まれた人は「山羊座の人」だと、あなたは知っているわけです。


ですが、お誕生日で「山羊座の人」と決まるのは、なぜなのでしょうか。

空の星や星座とお誕生日には、どんな関係があるのでしょうか。


先ほどの「太陽の光をパチッ! と消してしまったら……」というお話が、

そのこたえです。

つまり、あなたが生まれた日、もし昼間に太陽の光をパッと消したら、太陽のあった場所の近くに、山羊座の星々が見えたはずなのです。

「私は山羊座です」

というのは、

「私が生まれた日、太陽は山羊座の近くにありました」

ということなのです。

星の時計

オリオン座やさそり座など、星座はいつ見てもおなじかたちをしています。

オリオン座の３つ星が、ある日ふたつになったり、４つに増えたりはしませんよね。

そんなふうに、かたちの変わらない星座をつくる星々を「恒星」と呼びます。

いっぽう、太陽系の仲間たち「惑星」は、それとはまったくちがいます。「惑星」とは、みなさんもごぞんじのとおり、太陽のまわりをぐるぐるまわっている星のことです。

水星、金星、火星、木星、土星、天王星、海王星、これらはみんな「惑星」です。

おっと、なにかが抜けていますね。

そう、私たちの住む星、地球です。

地球も、太陽系の「惑星」のひとつです。

地球から惑星を見ると、空をうろうろ、うろついているように見えます。

さそり座にはまっ赤な恒星アンタレスがきらめいていますが、そのすぐそばに、アンタレスそっくりに赤く光る火星がならぶことがあります。

おうし座のプレアデス星団の近くに、金星がかがやくこともあります。

このように、金星や火星など、太陽系の仲間たちは、ぴったり決まったかたちで動かない星座のあいだを、ふらふらとうろつきまわるように見えます。

それで、「惑星（まどう星、さまよう星）」と名づけられたのです。

星座のなかには、特別に「黄道12宮」と呼ばれる、12の星座があります。

「黄道」は、この星座のあいだを、太陽が1年かけてとおる空の道です。

先ほどの「太陽の光をパチッ！　と消してしまったら……」のお話を思い出してください。

太陽のうしろには、見えなくても、ちゃんと恒星の星座があります。

この「黄道12宮」、すなわち、太陽の通り道にある12の星座が、牡羊座、牡牛座、双子座、とはじまって魚座でおわる、星占いでつかう星座たちなのです。

黄道12宮は、いわば、「時計の文字盤」です。

時計の上に書かれた1から12の数字がけっして動かないのとおなじで、空の時計でも、文字盤の数字にあたる12宮は、動きません。

その文字盤の上を、時計の針にあたる星たちが、動いていきます。

時計の針の役割をはたす「星」とは、先にあげた惑星たち、そして、太陽、月、さらに、準惑星である冥王星と、ぜんぶで10個の星々です。

ふつうの時計には、長針、短針、秒針など、長さのちがう針があります。

それぞれ、進む速さもちがいますね。

長針や短針は、じっと見ていても動いているのかどうかよくわかりませんが、秒針はちっちっちっちっちっと、見るまに動いていきます。

星の時計も、これとおなじです。
ぐんぐん動いていく足の速い星もあれば、何年もおなじ場所から動かないように見える星もあります。

ふつうの時計の針は、短針、長針、秒針の指す位置を組み合わせて、時間を読みとります。
空の時計もおなじように、いくつもの惑星の位置を組み合わせて、その時間の物語を読みとろうとするのです。

12個の「空の王国」と、10人の「星の神さま」

黄道12宮は、12の王国にたとえられます。

「山羊座」も、ひとつの王国です。

国には、その国のことばがあり、文化があります。

惑星は、「水星」「火星」など、曜日のなまえのようですが、英語では「マーキュリー」「マーズ」など、神さまのなまえがつけられています。

金星は英語で「ヴィーナス」。これは美と愛の女神です。

マーキュリーは知恵の神さま、マーズはたたかいの神さまです。

星の神々は12の王国を旅してまわります。

そして、獅子座にいるときは獅子座のことばで、水瓶座にいるときは水瓶座のことばで語るのです。

あなたは、「自分には、いくつものちがった性格がある」と感じたことがあるでしょうか。

たとえば、おとなのまえではおとなしくてまじめだけれど、お友だちのまえでは元気いっぱいになる人もいます。

女の子のまえではのびのびとふるまえるけれど、男の子といるとなんだかきつい態度をとってしまう、という人もいます。


ある瞬間の星の位置を写しとった図を「ホロスコープ」といいます。

あなたが生まれた瞬間の「ホロスコープ」には、あなたが山羊座だということ以外に、ほかの星の神さまの物語が、ぎゅっとつめこまれています。この「ホロスコープ」をくわしく読めば、あなたという人の全体がわかる、というのが星占いの考えかたです。

つまり、あなたのなかにいろんなあなたがいるのは、星占いの世界では当たり前のことなのです。


あなたが生まれた瞬間、太陽は山羊座の王国にありました。

地球から見上げた空でいちばんあかるい星は、太陽です。

星占いの世界では、太陽は、

「意志と基本的な行動パターン、性格の基本」

をあらわす星です。

ゆえに、あなたは山羊座「らしい」ところをもっともあかるくかがやかせている人、ということになるわけです。


でも、ほかの神さまたちは別の星座にいたかもしれません。

水星はおとなりの射手座にいたかもしれませんし、金星は獅子座にあったかもしれません。

もしそうなら、あなたの性格はだいたい山羊座っぽいはずですが、話しかたは射手座っぽく、恋をすると獅子座っぽくなるはずです。

私たちのだれもが、内がわに「いろいろな自分」をかかえています。星占いの考えかたでいえば、私たちのなかには10人の神さまが、いろいろな個性をまとって動きまわっているのです。

たぶん、あなたとおなじ山羊座のお友だちがいても、性格がそっくりおなじ、というわけではないでしょう。

でも、とてもよく似たところも、あるだろうと思います。

この本でわかるのは、あなたの性格のぜんぶではなく、あなたと、あなたの山羊座のお友だちとのあいだに共通している、ほんの一部分のことだけです。

大むかしの天文学

ここまでのページを読んで、理科が得意な人は「おや、おかしいぞ?」と思うことがいくつもあったはずです。

たとえば、オリオン座のかたちは昨日と今日では変わりませんが、何千年、何万年という時間がたつと、変化してしまいます。

惑星が「惑う星」なのは、あくまで地球から見て「そう見える」というだけのことです。

太陽系において、火星も水星も金星も、常に、ひとつの軌道の上をぐるぐると進んでおり、けっして「惑って」いません。


また、星占いでつかう「山羊座」のエリアに、いまでは恒星の「やぎ座」が位置していないことを知っている人もいるでしょう。

なぜなら地球は、止まりかけのコマのような「歳差運動」というふしぎな動きをしているからです。

この運動によって、北極星も数万年先には、こと座のベガに変わることがわかっています。

星占いが生まれたのは、おそらく紀元前3千年よりまえだろうと考えられています。

そのころには、星占いの基準点である「春分点」の場所に、恒星のおひつじ座が位置していました。

でも、長い長い時間がたったいま、星座はちょうどひとつぶんほど、ずれてしまっています。

星占いは、古代の天文学の世界です。

地球から肉眼で空を見上げたとき、そこになにが見えていたか、ということが基準になっています。

大むかしには、天文学と星占い（占星術）は、区別されていませんでした。

優れた天文学者は、えらい星占い師でもあったのです。

現代の私たちは、科学技術の力によって、太陽のまわりを地球がまわっていることや、水星が自分の軌道を、迷子になったりせずにきちんと進んでいることを知っています。

でも、現代を生きる私たちが肉眼で星を見上げるのと、古代の人々が星を見上げるのと、そこに大きなちがいはありません。

どんなに「地球が自転しているのだ！」と知っていても、私たちの目には、「日が昇る」「日が沈む」ようにしか見えません。

「昇ってくる」朝日に感動し、「沈んでゆく」夕日に物思いをして、暮らしているのです。

星占いの世界は、私たちがいまも日の出や日の入りに心動かされる、その心の動きとつながった世界です。

星座の境目について

太陽は毎年、おなじ時期におなじような位置にやってきます。ですが、太陽が星座から星座へと移動するタイミングは、年によって1、2日程度ずれます。

生年月日と生まれた時間により、あなたの正確な星座（太陽星座）がわかります。132ページの表でたしかめてみてください。

太陽星座早見表

（1930 ～ 2025年／日本時間）

太陽が山羊座に入る時刻を下記の表にまとめました。
この時間以前は射手座、この時間以後は水瓶座ということになります。

生まれた年	期間				
1954	12/22	18:23	～	1955/1/21	5:00
1955	12/23	0:11	～	1956/1/21	10:48
1956	12/22	6:00	～	1957/1/20	16:38
1957	12/22	11:50	～	1958/1/20	22:28
1958	12/22	17:40	～	1959/1/21	4:18
1959	12/22	23:35	～	1960/1/21	10:09
1960	12/22	5:26	～	1961/1/20	16:01
1961	12/22	11:19	～	1962/1/20	21:57
1962	12/22	17:14	～	1963/1/21	3:52
1963	12/22	23:01	～	1964/1/21	9:39
1964	12/22	4:50	～	1965/1/20	15:28
1965	12/22	10:41	～	1966/1/20	21:19
1966	12/22	16:28	～	1967/1/21	3:06
1967	12/22	22:17	～	1968/1/21	8:53
1968	12/22	4:00	～	1969/1/20	14:38
1969	12/22	9:43	～	1970/1/20	20:22
1970	12/22	15:35	～	1971/1/21	2:11
1971	12/22	21:23	～	1972/1/21	7:57
1972	12/22	3:13	～	1973/1/20	13:47
1973	12/22	9:08	～	1974/1/20	19:44
1974	12/22	14:56	～	1975/1/21	1:35
1975	12/22	20:46	～	1976/1/21	7:24
1976	12/22	2:35	～	1977/1/20	13:14
1977	12/22	8:22	～	1978/1/20	19:02

生まれた年	期間				
1930	12/22	22:40	～	1931/1/21	9:17
1931	12/23	4:30	～	1932/1/21	15:16
1932	12/22	10:15	～	1933/1/20	20:52
1933	12/22	15:58	～	1934/1/21	2:37
1934	12/22	21:50	～	1935/1/21	8:28
1935	12/23	3:38	～	1936/1/21	14:12
1936	12/22	9:27	～	1937/1/20	20:01
1937	12/22	15:22	～	1938/1/21	1:58
1938	12/22	21:13	～	1939/1/21	7:50
1939	12/23	3:06	～	1940/1/21	13:42
1940	12/22	8:56	～	1941/1/20	19:33
1941	12/22	14:45	～	1942/1/21	1:23
1942	12/22	20:40	～	1943/1/21	7:18
1943	12/23	2:30	～	1944/1/21	13:06
1944	12/22	8:15	～	1945/1/20	18:53
1945	12/22	14:04	～	1946/1/21	0:44
1946	12/22	19:53	～	1947/1/21	6:30
1947	12/23	1:43	～	1948/1/21	12:17
1948	12/22	7:34	～	1949/1/20	18:08
1949	12/22	13:24	～	1950/1/21	23:59
1950	12/22	19:13	～	1951/1/21	5:51
1951	12/23	1:00	～	1952/1/21	11:37
1952	12/22	6:43	～	1953/1/20	17:21
1953	12/22	12:31	～	1954/1/20	23:10

生まれた年	期間				
2002	12/22	10:14	～	2003/1/20	20:51
2003	12/22	16:03	～	2004/1/21	2:40
2004	12/21	21:41	～	2005/1/20	8:20
2005	12/22	3:34	～	2006/1/20	14:13
2006	12/22	9:21	～	2007/1/20	19:59
2007	12/22	15:07	～	2008/1/21	1:42
2008	12/21	21:03	～	2009/1/20	7:39
2009	12/22	2:48	～	2010/1/20	13:28
2010	12/22	8:40	～	2011/1/20	19:19
2011	12/22	14:31	～	2012/1/21	1:10
2012	12/21	20:13	～	2013/1/20	6:52
2013	12/22	2:12	～	2014/1/20	12:51
2014	12/22	8:04	～	2015/1/20	18:43
2015	12/22	13:49	～	2016/1/21	0:27
2016	12/21	19:45	～	2017/1/20	6:24
2017	12/22	1:29	～	2018/1/20	12:09
2018	12/22	7:24	～	2019/1/20	18:00
2019	12/22	13:21	～	2020/1/20	23:55
2020	12/21	19:03	～	2021/1/20	5:40
2021	12/22	1:00	～	2022/1/20	11:39
2022	12/22	6:49	～	2023/1/20	17:30
2023	12/22	12:28	～	2024/1/20	23:07
2024	12/21	18:22	～	2025/1/20	5:00
2025	12/22	0:04	～	2026/1/20	10:45

生まれた年	期間				
1978	12/22	14:20	～	1979/1/21	0:58
1979	12/22	20:09	～	1980/1/21	6:47
1980	12/22	1:56	～	1981/1/20	12:35
1981	12/22	7:50	～	1982/1/20	18:29
1982	12/22	13:38	～	1983/1/21	0:15
1983	12/22	19:31	～	1984/1/21	6:04
1984	12/22	1:23	～	1985/1/20	11:57
1985	12/22	7:07	～	1986/1/20	17:45
1986	12/22	13:00	～	1987/1/20	23:38
1987	12/22	18:46	～	1988/1/21	5:23
1988	12/22	0:27	～	1989/1/20	11:06
1989	12/22	6:21	～	1990/1/20	17:00
1990	12/22	12:07	～	1991/1/20	22:45
1991	12/22	17:54	～	1992/1/21	4:31
1992	12/21	23:43	～	1993/1/20	10:22
1993	12/22	5:25	～	1994/1/20	16:06
1994	12/22	11:22	～	1995/1/20	21:59
1995	12/22	17:16	～	1996/1/21	3:51
1996	12/21	23:05	～	1997/1/20	9:41
1997	12/22	5:06	～	1998/1/20	15:44
1998	12/22	10:56	～	1999/1/20	21:35
1999	12/22	16:44	～	2000/1/21	3:22
2000	12/21	22:37	～	2001/1/20	9:15
2001	12/22	4:20	～	2002/1/20	15:00

石井ゆかり（いしいゆかり）

ライター。独学で占星術を学び、星占いの記事やエッセイなどを執筆。2010年刊行の「12星座シリーズ」（小社刊）は、120万部を超えるベストセラーとなった。『12星座』『星をさがす』『3年の星占い』（小社刊）、『星ダイアリー』『星読み』（幻冬舎コミックス）、『夢を読む』（白泉社）ほか著書多数。

Webサイト「筋トレ」
http://st.sakura.ne.jp/~iyukari/

装幀……………………………中嶋香織
絵………………………………平澤朋子
ＤＴＰ…………………つむらともこ
校正…………………………大谷尚子
営業担当……………………中元俊文
進行…………………………佐藤高広
編集補助……………………竹内葉子
編集…………………………飛田淳子

ジュニア版 山羊座（やぎざ）

2016年2月24日 第1版 第1刷発行

著者／石井ゆかり

発行者／玉越直人

発行所／WAVE出版

〒102-0074 東京都千代田区九段南4-7-15
TEL 03-3261-3713 FAX03-3261-3823
振替 00100-7-366376
E-mail：info@wave-publishers.co.jp
http://www.wave-publishers.co.jp/

印刷・製本／萩原印刷

NDC148 135p 18cm ISBN978-4-87290-837-4

3年の星占い

2015 - 2017（全12冊）

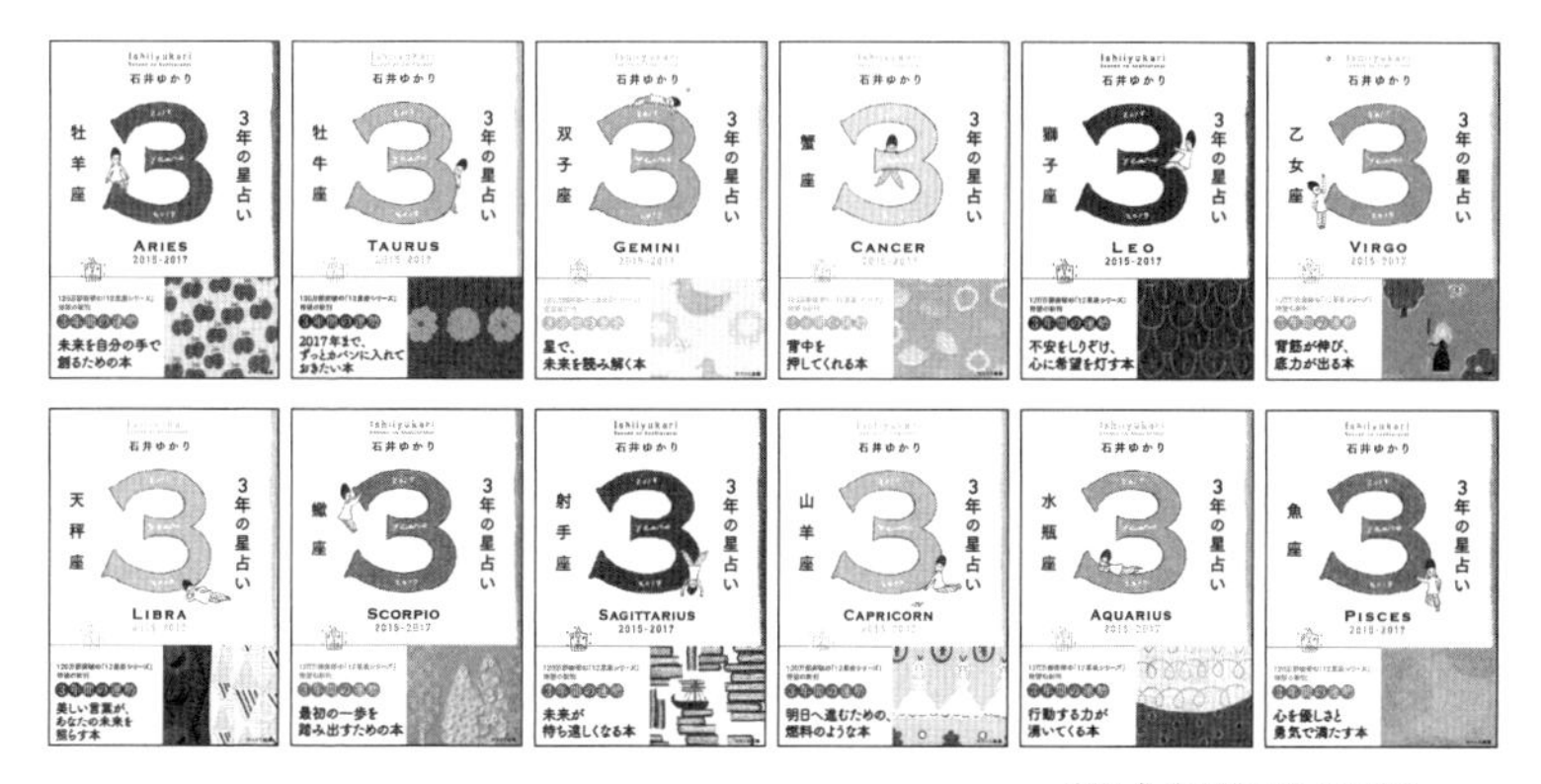

定価各（本体630円+税）

不安をしりぞけ、心に希望を灯す本

星の時間を描いた短編小説からはじまり、3年間のスケッチ、1年ごとのメモと、情緒ある風景を美しい文章でつづる。「テーマ別の時間」の章では、恋愛、仕事、勉強、居場所や家族、健康、お金や財、勝負・チャンス、夢について、トピックとなる時期を解説。長い時期を見渡せる土星・木星の折り込み図表つき。

WAVE出版　石井ゆかりの本

12星座シリーズ

（全12冊）

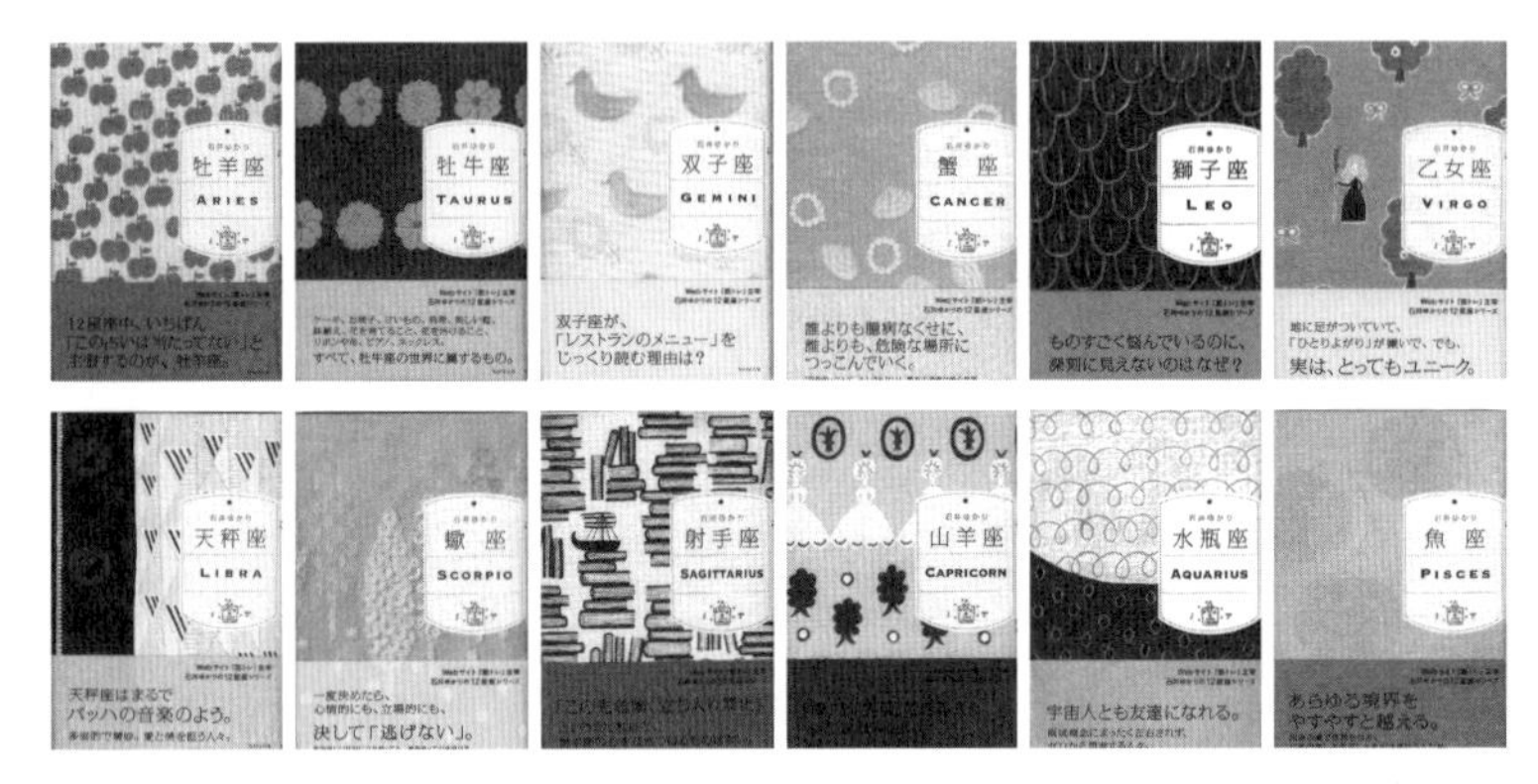

定価各（本体952円+税）

私と、私のたいせつな人を、こんなにゆたかなことばで表現してくれてうれしい。

読むだけで、前に進む勇気が出る、自分の才能に気がつく、なぜか不安な気持ちが晴れていく。マイナスなことがいっさい書かれていないので、プレゼントブックとしてもよろこばれる本。口コミで広がり、120万部突破のベストセラーになった、本書のオリジナル版。

12星座

定価（本体1600円+税）

何度も何度もページを
ひらきたくなる、「読むお守り」

星座と星座は鎖の輪のようにつながっていて、12星座ぜんたいがひとつの流れになっている。その流れを物語のように読み解く、だれも読んだことのない星占い本。

悩みすぎて自分を見失ったとき、決断する勇気がほしいとき、恋をしたとき、だれかをもっと知りたいとき。ことあるごとに読みかえす、深くてやさしい1冊。